Miriam Akhtar

Das kleine Buch zum Glücklichsein

Kleine Übungen für mehr Freude, Zuversicht und Erfüllung

Aus dem Englischen übersetzt
von Karin Weingart

WILHELM HEYNE VERLAG
MÜNCHEN

Die Originalausgabe erschien 2019 unter dem Titel *The Little Book of Happiness* bei Gaia Books, einem Imprint von Octopus Publishing Group Ltd, Carmelite House, 50 Victoria Embankment, EC4Y 0DZ, England.

Verlagsgruppe Random House FSC® N001967
2. Auflage
Taschenbucherstausgabe 11/2019

Copyright Design, Layout, Illustrationen © 2019 by Octopus Publishing Group
Text copyright © Miriam Akhtar 2019
© dieser Ausgabe 2019 by Wilhelm Heyne Verlag, München, in der Verlagsgruppe Random House GmbH, Neumarkter Straße 28, 81673 München
Alle Rechte sind vorbehalten. Printed in Czech Republic.
Redaktion: Dr. Diane Zilliges
Umschlaggestaltung: Guter Punkt, München, unter Verwendung von Motiven von © havroshechka/Adobestock, © Юлия Гришина/Adobestock
Designer and Illustrator: Abigail Read
Herstellung: Helga Schörnig
Satz: Vornehm Mediengestaltung GmbH, München
Druck und Bindung: Těšínská Tiskárna, Český Těšín
ISBN 978-3-453-70382-7
www.heyne.de

Inhalt

Einführung

Auf die Frage nach ihrem größten Wunsch antworten wohl die meisten: »glücklich sein«. Eben dieses erhabene Lebensziel fasziniert auch Denker und Pädagogen bereits seit Jahrtausenden.

Glück kann die Vorfreude auf etwas Schönes sein oder auch ein besonders unbeschwerter Moment beim Meditieren. Es liegt in der Beziehung zu einem geliebten Menschen, erwächst aber auch aus der Zufriedenheit eines sinnerfüllten Lebens oder dem Gefühl, dass alles genauso ist, wie es sein soll.

Wir alle wollen uns gut fühlen, aber können wir uns auch selbst glücklich machen? Oder kommt es dazu nur zufällig, wenn wir gar nicht daran denken? Das Paradoxe am Glück ist, dass es umso schwerer fassbar scheint, je mehr wir ihm nachjagen.

Im Buddhismus gilt das Streben nach Glück als Hauptursache der Unzufriedenheit, weil es zu Gier und Enttäuschung führt. Und die modernen Wissenschaften stimmen zu: Demnach hegen Menschen, die extrem auf Glück erpicht sind, oft schwer zu erfüllende Erwartungen und neigen umso mehr zu Frust und Niedergeschlagenheit, je glücklicher sie werden wollen. Aber wie lässt sich diese Falle umgehen?

Das Gute ist, dass es heute eine Wissenschaft vom Glück gibt, die untersucht, was uns happy macht, was unserem Leben Sinn gibt und wie wir aufblühen können: Seit Ende des 20. Jahrhunderts fördert die Positive Psychologie Erkenntnisse zutage, die belegen, wie wir glücklicher werden können. In der Praxis wirkt die Positive Psychologie einer Studie von Nancy Sin und Sonja Lyubomirsky zufolge durch »Behandlungen oder Aktivitäten, die darauf abzielen, positive Gefühle, Verhaltensweisen und Erkenntnisse herauszubilden«[1]; und zahlreiche Untersuchungen belegen, dass sie das Wohlbefinden verbessern und Niedergeschlagenheit lindern können. Das vorliegende Buch beruht auf diesen Erkenntnissen, und jede der vorgestellten zwölf Glücksgewohnheiten ist wissenschaftlich fundiert.

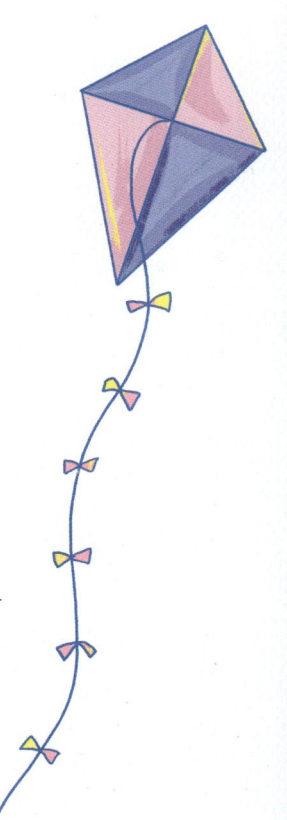

1 Was ist Glück?

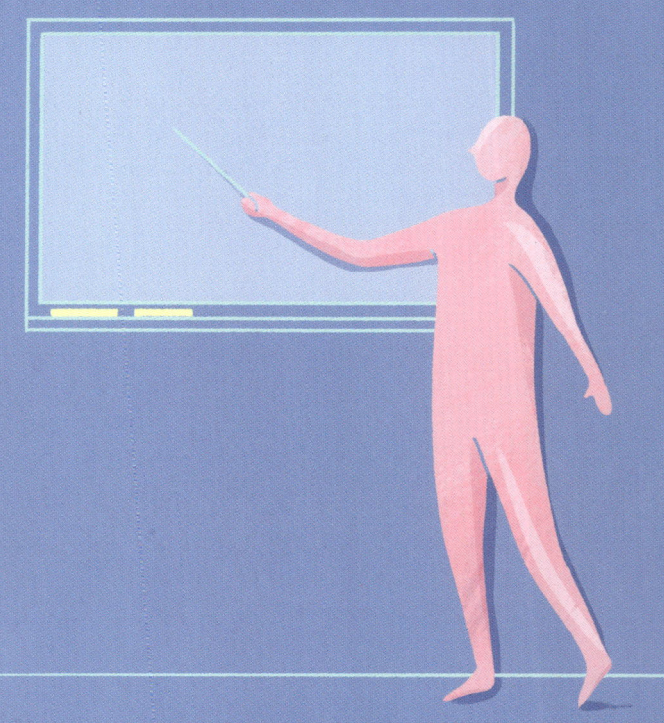

Zwei Arten von Glück

Die beiden wichtigsten Dimensionen der Glückswissenschaft gehen auf die Philosophie der griechischen Antike zurück:

 Hedonistisches Wohlbefinden beruht auf »Hedonismus«, dem Streben nach Vergnügen. Im Mittelpunkt steht der lust- und spaßbetonte Wohlfühlfaktor: ein Optimum an Annehmlichkeit bei möglichst geringem Unbehagen. Zum Tragen kommt diese bekanntere der beiden Glücksformen in Momenten größter Freude.

Eudämonisches Wohlbefinden bezeichnet Formen einer tiefer greifenden Zufriedenheit, die aus Sinnerfüllung, persönlichem Wachstum und Selbstverwirklichung resultiert. Aristoteles bezeichnete mit Eudaimonia ein tugendhaftes Leben; die moderne Interpretation des Begriffs umfasst Lebenstüchtigkeit, persönliches Wachsen und Gedeihen. In der Praxis geht es beim eudämonischen Wohlbefinden um Zielbewusstsein, Einsatz persönlicher Stärken, Erleben des »Flows«, positive Beziehungen, Autonomie, Kompetenz, Selbstvertrauen und darum, Gutes zu tun. Zusammengefasst kann man sagen: Eudämonisches Wohlbefinden beruht auf dem Bemühen um etwas Bedeutungsvolles außerhalb unserer selbst.

> **Bemühen + Bedeutung =**
> **eudämonisches Wohlbefinden**

Was ist Glück?

Geld und Glück

Macht Kohle Sie happy? Das Verhältnis von Geld und Glück ist … gelinde gesagt … kompliziert. Sich nicht einmal das Allernotwendigste leisten zu können macht mit Sicherheit unglücklich; jenseits dessen aber geht ein höheres Einkommen nicht mit gesteigertem Glücksempfinden einher. Mal ganz abgesehen vom Stress der Vermögensverwaltung.

Was zählt, ist, worauf Sie Ihre Zeit verwenden. Männer und Frauen, denen es vorrangig um Materielles geht, sind tendenziell weniger glücklich als Beziehungsmenschen. Wichtig ist auch, wofür Sie Ihr Geld ausgeben. Erlebnisse – idealerweise gemeinsame – wirken sich positiver auf das Wohlbefinden aus als der Erwerb materieller Güter. Um so glücklich werden zu können wie irgend möglich, sollten Sie sich also eher auf Beziehungen konzentrieren als auf Konsum.

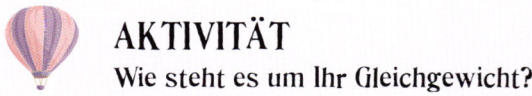

AKTIVITÄT
Wie steht es um Ihr Gleichgewicht?

Glück ist eine Frage des individuell richtigen Gleichgewichts von Glücksstreben (hedonistisches Wohlbefinden) und Sinnerfülltheit (eudämonisches Wohlbefinden).

Schauen Sie sich das Diagramm auf der gegenüberliegenden Seite an. Erkennen Sie, in welchem Quadranten Sie sich momentan befinden? Gibt es einen, in dem Sie lieber wären? Was müssten Sie unternehmen, um dorthin zu gelangen?

Auf die Frage, was für Sie persönlich das Beste ist, gibt es keine richtige oder falsche Antwort. Vielleicht haben Sie in letzter Zeit zu viel Party gemacht und sollten sich jetzt mehr Ihrem Beruf widmen. Oder brauchen Sie nach zu viel Arbeit künftig ein bisschen mehr Spaß?

Es kann des Guten auch zu viel werden. Ein übertrieben süßes Leben kann einen lasch machen, träge, unmotiviert und unzufrieden; allzu große Nüchternheit dagegen verstärkt womöglich den Druck, bremst den Spaß und wirkt sich belastend auf unsere Beziehungen aus.

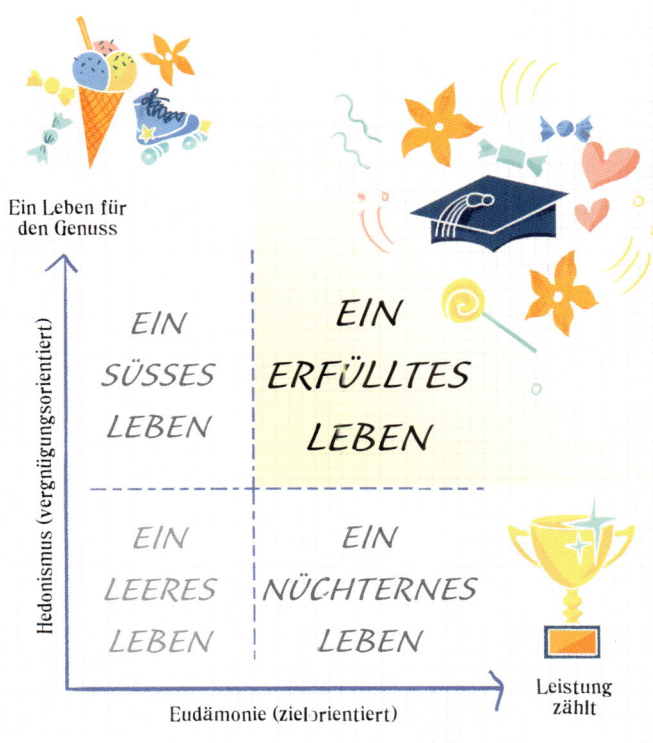

Ein Leben für
den Genuss

Hedonismus (vergnügungsorientiert)

EIN
SÜSSES
LEBEN

EIN
ERFÜLLTES
LEBEN

EIN
LEERES
LEBEN

EIN
NÜCHTERNES
LEBEN

Eudämonie (zielorientiert)

Leistung
zählt

Die Wissenschaft vom Glück

In der Positiven Psychologie werden »Glück« und »Wohlbefinden« synonym verwendet; die Einschätzung des eigenen Lebens fällt unter den Begriff »subjektives Wohlbefinden« (SWB).[2]

Und dieses lässt sich – da es sich um eine Wissenschaft handelt – natürlich auch in einer Formel darstellen:

$$SWB = SWL + (PA - NA)$$

- Unter **Lebenszufriedenheit (SWL – Satisfaction With Life)** versteht man die Bewertung des eigenen Lebens. Nähern Sie sich Ihren Zielen an? Oder besteht da noch eine große Kluft? Wie zufrieden sind Sie in den verschiedenen Lebensbereichen, zum Beispiel Arbeit oder Zuhause? Dies ist die kognitive Seite des Glücks – wie Sie über Ihr Leben denken.

- Der **positive Affekt (PA)** ist die Summe Ihrer positiven emotionalen Erfahrungen und steht im Verhältnis zum **negativen Affekt (NA)**. Wie sieht es bei Ihnen damit aus? Haben Sie mehr positive oder mehr negative Emotionen? Dies ist die emotionale Seite des Glücks – wie Sie sich fühlen.

In seinem Klassiker Der Glücks-Faktor stellt Prof. Martin Seligman[3], ein Mitbegründer der Positiven Psychologie, die folgende Formel auf:

$$H = S + C + V$$

- **H** bezeichnet Ihre Basis von **Glück** (H wie Happiness).

- **S** stellt Ihren genetischen (ererbten) **Glücks-Setpoint** dar (S wie Set-Range). Je nachdem, was Sie erleben, fluktuiert das Maß Ihres Glücks, tendenziell aber erreicht es immer wieder den individuellen Normalzustand.

- Auf der Jagd nach größerem Glück sind es meistens die **Lebensumstände** (C wie Circumstances), zum Beispiel Arbeit oder Wohnort, die wir zu verändern versuchen; diese wirken sich allerdings nur geringfügig auf unser Wohlbefinden aus.

- **V** ist die willentliche **Steuerung** (V wie Voluntary), sie kennzeichnet unsere Chancen. Hier geht es um Einstellungen und Lebenspraxis. Die zwölf Glücksgewohnheiten sind Ihnen dabei behilflich, aus diesem Punkt, den Sie direkt beeinflussen können, das Beste herauszuholen.

Authentisches Glück und PERMAnentes Wohlbefinden

Ursprünglich führten in Prof. Martin Seligmans Theorie drei Wege zu authentischem Glück: das angenehme Leben (P wie Pleasant), das engagierte (E wie Engaged) und das bedeutungsvolle (M wie Meaningful). In seinem späteren Buch *Flourish* weitete er diese Theorie unter Hinzunahme eines R und eines A zum PERMA-Modell des Wohlbefindens aus.[4] Damit trug er seiner Erkenntnis Rechnung, dass Glück mehr ist als ein gutes Gefühl. Heute feiert die Positive Psychologie nicht mehr nur das Glück, sondern gilt zu Recht als Wissenschaft des Wohlbefindens.

Die folgenden Elemente tragen zu Ihrem Wohlbefinden bei. Je mehr Sie davon realisieren, desto besser geht es Ihnen – rundum.

- **Positive Emotionen:** Genuss, Freude und alles, was unter »angenehmes Leben« rangiert.

- **Engagement** bezeichnet einen Zustand der Versunkenheit in ein Tun, der auch als »Flow« bekannt ist.

- **Relationships:** Positive Beziehungen sind die Antwort auf unser Bedürfnis nach sozialer Verbundenheit.

Was ist Glück?

Angenehmes Leben

Engagiertes Leben

Bedeutsames Leben

 Meaning: Erfülltheit des Lebens mit einem Sinn, der über das Selbst hinausgeht.

 Accomplishment: Zielorientiertheit, die zu Fortschritt und Erfolg führt.

Bewegung!

Da Wohlbefinden etwas Ganzheitliches ist, das auch die Körperpartien unterhalb des Kopfes einschließt, wurde vielfach vorgeschlagen, das PERMA-Modell um die Physis zu ergänzen. Seither steht ein angehängtes H für Health (Gesundheit: ausgewogene Ernährung, Sport, erholsamer Schlaf) und ein V in PERMA-V bedeutet Vitalität.

Finden auch Sie in den Flow

Waren Sie je so in etwas vertieft, dass Sie gar nicht bemerkt haben, wie die Zeit verging? Diesen überaus befriedigenden Zustand der vollkommenen Versenkung nennt man »Flow«.

Viele kreative Tätigkeiten können in den Flow führen. Die monotone Bewegung des Strickens etwa regt die Ausschüttung des Glückshormons Serotonin an. Entdeckt und wissenschaftlich untersucht wurde die als beglückend erlebte Flow-Erfahrung von Prof. Mihaly Csikszentmihalyi, einem weiteren Mitbegründer der Positiven Psychologie.[5]

Woran Sie merken, dass Sie sich im Flow befinden

- Sie sind vollkommen vertieft.
- Sie sind eins mit Ihrer Tätigkeit.
- Sie verlieren das Zeitgefühl.
- Und jegliche Unsicherheit.
- Ihr Tun ist Ihnen Lohn genug.

Damit Sie in den Flow gelangen können, muss das Verhältnis zwischen der Herausforderung, die die jeweilige Tätigkeit für Sie darstellt, und Ihren Fähigkeiten auf diesem Gebiet ausgewogen sein. Optimal ist ein hoher Schwierigkeitsgrad bei entsprechend hoher Kompetenz. Denn eine im Vergleich mit Ihren Fähigkeiten zu geringe Herausforderung erzeugt schnell Langeweile. Eine subjektiv zu schwere Aufgabe dagegen kann Angst machen.

Was uns in den Flow bringt

- Ausgewogenheit von Aufgabe und Befähigung
- Ein einfaches, fesselndes Ziel
- Das Gefühl, genau zu wissen, was man tut

2 Die Benefits

Glück tut gut

Es ist offiziell: Glück fühlt sich nicht nur gut an, sondern tut auch gut. Es kann Ihnen sogar zu einem längeren Leben verhelfen. Einen stichhaltigen Beleg lieferte die Nonnenstudie, eine Längsschnittstudie an amerikanischen Ordensschwestern der Kongregation der Armen Schulschwestern von Unserer Lieben Frau.

Biografische Aufsätze, die die Schwestern Jahrzehnte zuvor verfasst hatten, wurden auf positive Emotionen hin analysiert und diese ins Verhältnis zu den Sterberaten gesetzt. Dass die Ordensfrauen ein vergleichbares Leben führten, erleichterte die Auswertung des Einflusses, den das subjektive Wohlbefinden auf ihre Lebenserwartung hatte. Mit 85 weilten 79 Prozent der fröhlichsten Nonnen noch unter uns, im Vergleich zu 54 Prozent der missmutigsten. Mit 93 waren nur noch 18 Prozent der mürrischsten Damen am Leben und über die Hälfte (52 Prozent) der glücklichsten.[6]

Glückliche Menschen genießen noch weitere Vorzüge:

 ein stärkeres Immunsystem

 größeren Optimismus

 mehr Kreativität

- besseres Multitasking- und Durchhaltevermögen, systematischeres Denken
- mehr Geselligkeit, größere Beliebtheit bei Freunden und Kolleginnen
- mehr Vertrauen und Hilfsbereitschaft
- weniger Ressentiments und Egozentrik
- höheres Einkommensniveau

Glück und Erfolg

Tatsächlich wirkt sich Glück positiv auf das Bankkonto aus. Genau wie auf die Erfolge, die wir haben. Wenn alles wie am Schnürchen läuft, fühlen wir uns natürlich gut. Aber umgekehrt wird auch ein Schuh daraus: Menschen mit einem hohen Wohlfühllevel sind mit größerer Wahrscheinlichkeit auf vielen Lebensgebieten (Ehe, Freundschaft, Gesundheit, Beruf …) erfolgreicher. Wohlbefinden ist also durchaus erstrebenswert, nicht nur im Privatleben, sondern auch für die Karriere.

Das Freudvolle positiver Emotionen

Ehrfurcht, Seligkeit, Wonne, Begeisterung – wer würde solche positiven Zustände nicht genießen? Doch steckt womöglich noch mehr dahinter als eine angenehme, erhebende Erfahrung?

Prof. Barbara Fredrickson, die Leiterin des Emotions and Psychophysiology Lab an der University of North Carolina, arbeitet seit Jahren an der Entwicklung ihrer Broaden-and-Build-Theorie, die erklärt, warum genau uns alles Positive so guttut.[7] Unter anderem:

 Erweitern positive Emotionen das Repertoire unseres Denkens und Handelns. Positive Emotionen erweitern den Geist, den Horizont, die Fähigkeit zu flexiblem, kreativem Denken und proaktivem Handeln. Als ich das zum ersten Mal hörte, ging mir ein Licht auf. Solange ich noch beim Funk gearbeitet hatte, war ich immer der Auffassung gewesen, kreativ zu sein bedeute, sich selbst unter höchstmöglichen Druck zu setzen, Unmengen Kaffee zu trinken und kaum zu schlafen. Heutzutage mache ich lieber etwas Schönes, höre zum Beispiel flotte Musik und gehe aufs Trampolin, bevor ich mich an den Schreibtisch setze.

Sie vermehren unsere inneren Ressourcen. Obwohl sie kurzlebig sind, tragen positive Emotionen doch zur Akkumulation viererlei Ressourcen bei, auf die auch im Notfall immer Verlass ist:

1. **Psychische Ressourcen**, zum Beispiel Resilienz und Optimismus, gute Selbsteinschätzung, Zielorientierung.

2. **Intellektuelle Ressourcen**, die helfen, hinzuzulernen und Probleme zu lösen.

3. **Soziale Ressourcen**, die das Entstehen neuer Bindungen erleichtern und alte vertiefen.

4. **Physische Ressourcen**, etwa Muskelkraft, Herzgesundheit und Körperkoordination. Sie fragen sich, wie positive Emotionen den Körper stärken können? Dann schauen Sie nur mal, wie es Kindern beim Spielen ergeht: Der Spaß, den sie dabei haben, trägt erheblich zum Muskelaufbau bei.

Und schließlich holen uns positive Emotionen aus der Negativität heraus. Fredrickson spricht hier von unserem »inneren Reset-Button«. Positive Emotionen »annullieren« die körperlichen Auswirkungen von Stress, beruhigen das Herz und senken den Blutdruck. Wenn Sie das nächste Mal in Stress geraten, sollten Sie also etwas tun, was Sie zum Lächeln bringt, und beobachten, wie Sie wieder ins Gleichgewicht kommen.

3

Was dem Glück im Weg steht

Gestörte Happiness

Hätten wir den Glückscode schon richtig geknackt, würden wir alle mit einem PERMA(nenten) Lächeln auf dem Gesicht herumlaufen – aber das ist nicht der Fall. Unsere künftigen Gefühle vorauszusagen fällt uns Menschen bekanntlich schwer, und unserem Glück kann vieles im Weg stehen.

Die hedonistische Adaptation

Gemeint ist das auch als hedonistische Tretmühle bekannte Phänomen, dass wir unser Glück für selbstverständlich halten. Es rührt daher, dass wir uns schnell an seine Ursachen gewöhnen. So ist etwa schon der zweite Besuch des hochrenommierten Sternerestaurants längst nicht mehr so bemerkenswert wie der erste. Und die schicken Klamotten, die im Laden noch so toll ausgesehen haben, verlieren ihren Glamour, hängen sie erst einmal länger bei uns zu Hause im Schrank. Dagegen hilft nur Abwechslung oder eine Erhöhung der Dosis, des Reizes. Hier liegt also eine der Grenzen des hedonistischen Wohlbefindens. Bei Weitem nachhaltiger ist das eudämonische Wohlbefinden, das keine solchen Limits kennt.

Der Negativity Bias

Das menschliche Gehirn ist so angelegt, dass es Negatives vor Positivem wahrnimmt: »Schlechtes« ist stärker als »Gutes«, und psychologisch wirken sich unschöne Erfahrungen nachdrücklicher aus als angenehme.

Solange wir noch als Jäger und Sammler vor dem Säbelzahntiger auf der Flucht waren, konnte uns der Negativity Bias als Teil der menschlichen Überlebensmechanismen nur recht sein. Allerdings kommt dieser Aspekt auch zum Tragen, wenn keinerlei Gefahr droht. So nehmen wir etwa den gelangweilten, unruhig hin und her zappelnden Mann im Publikum viel schneller wahr als alle anderen, die uns aufmerksam zuhören. Und vor der hübschen Einrichtung ziehen die schmutzigen Fenster alle Blicke auf sich. Was zur Konsequenz hat, dass wir uns – wollen wir den Pfad des Glücks nicht verlassen – bewusst auf die Überwindung des Negativity Bias und auf die positiven Emotionen konzentrieren sollten.

Positiv versus negativ

Positive Emotionen sind von Natur aus leichte, flüchtige Erfahrungen – Momente der Freude oder Ruhe. Die negativen dagegen präsentieren sich als die großen wilden Tiere. So hat uns etwa die Angst »im Griff«, der Zorn kann uns »verzehren« und die Traurigkeit »runterziehen«. Der Sinn dieser negativen Emotionen besteht darin, dass sie unsere Sicherheit gewährleisten: Sie warnen vor Gefahren und informieren, sobald etwas dringend unserer Aufmerksamkeit bedarf.

Die Tyrannei der großen Auswahl

Zehn verschiedene Kaffeesorten, zwanzig Arten Fruchtjoghurt in den Supermarktregalen – das 21. Jahrhundert bietet so viel Auswahl, dass eine Entscheidung leicht zur Überforderung wird.

Auf unser Glücksempfinden wirkt sich diese »Tyrannei der großen Auswahl« insofern aus, als sie Unruhe erzeugt und das Wohlbefinden schmälert. Menschen, die sich solchem Stress unterwerfen, bezeichnet der amerikanische Psychologe Prof. Barry Schwartz als »Maximizer«. Auf der Suche nach dem Allerbesten loten sie eine Vielzahl von Optionen aus, bereuen ihre Wahl später jedoch oft oder machen sich Vorwürfe, weil ihre hochgesteckten Erwartungen nicht erfüllt wurden. Diese

Was dem Glück im Weg steht

Leute sichern sich die besten Schnäppchen und höchsten Gehälter. Sie sind Perfektionisten, die sich sozial ausschließlich nach oben orientieren.

Das Gegenteil verkörpern die »Satisficer«, die auf das »Angemessenste« aus sind und sich jeweils für die erste Option entscheiden, die ihren Minimalkriterien entspricht.[8] Mir persönlich ist ein Psychologieprofessor bekannt, dessen Lebensqualität sich in dem Moment verbesserte, als er vom Maximizer zum Satisficer wurde.

Die Vergleichsfalle

Wir Menschen neigen dazu, uns mit anderen zu vergleichen, in der Regel mit Leuten, die wir für bessergestellt halten als uns selbst, und das gibt uns ein Gefühl der Unzulänglichkeit. Verstärkt wird dieses Phänomen durch die sozialen Medien, die uns unendlich viele »perfekte« Lifestyles präsentieren, mit denen wir kaum mithalten können. Das ganze Vergleichen vollkommen abzustellen ist schwer. Aber wir können uns an Menschen messen, die weniger gut dran sind als wir. Uns also eher nach unten orientieren als nach oben.

4

Happiness:
Reine
Übungssache

Kopfüber ins Glück

Glück ist eher eine Aktivität als etwas, das einfach geschieht. Die Neurowissenschaften haben bewiesen, dass das Hirn formbar ist – nicht nur durch die Dinge, die wir erleben, sondern auch durch Training.

In meiner Coaching-Praxis fällt mir oft auf, dass sich Leute zwar für die Wissenschaft vom Glück interessieren, dabei aber den Knackpunkt übersehen: dass intellektuelle Neugier allein nicht genügt. Vielmehr müssen wir das erworbene Wissen in die Praxis umsetzen, wollen wir unser Wohlbefinden verbessern.

Sich das Glück zur Angewohnheit zu machen setzt das Wiederholen von Verhaltensweisen voraus, die neue neuronale Verbindungen erzeugen. Denn Gewohnheiten sind nichts anderes als automatisiertes Verhalten. Bis sich eine neue positive Angewohnheit etabliert hat – und dies fällt leichter als die Korrektur einer schlechten alten –, dauert es drei bis acht Wochen. Hat sich ein Verhalten erst einmal erfolgreich automatisiert, ist die Wahrscheinlichkeit hoch, dass es bestehen bleibt und sich positiv auf das Wohlbefinden auswirkt. Hinzu kommt: Während Sie sich eine neue Angewohnheit zulegen, steigt Ihr Selbstvertrauen so, dass Sie bald eine positive Verhaltensweise nach der anderen in Ihr Leben integrieren.

Stärken Sie Ihre Positivität

Mein wichtigster Tipp: Führen Sie die Aktivitäten, die ich Ihnen in diesem Buch vorstelle, regelmäßig durch, aber entspannt und ergebnisoffen. Manchmal bringen die Übungen etwas, manchmal nicht sofort; aber je häufiger Sie sie praktizieren, desto öfter erleben Sie wahre Positivität.

Es liegt in der Natur positiver Emotionen, dass wir sie nicht festhalten können. Sie sind wie Schmetterlinge – mal da, schnell wieder weg. Und anders, als man vielleicht denken mag, ist es keine gute Idee, sie vorzutäuschen, bis sie sich womöglich von selbst einstellen. Denn gespielte Positivität kann mehr Schaden anrichten als guttun. Sie setzt das Herz von Kreislaufpatienten genauso unter Druck wie das falsche Lächeln, das nicht bis zu den Augenringmuskeln vordringt.

Wovon wir wirklich profitieren, ist das authentische, von Herzen kommende Erleben positiver Emotionen. Und in dem Maße, in dem es sich regelmäßiger einstellt, gelangen Sie in eine Aufwärtsspirale, in der sich die Positivität verstärkt. Auf diese Weise beginnen Sie aufzublühen und transformieren sowohl sich selbst als auch Ihr Leben.

Die Top Ten der positiven Emotionen

Unter Positivität verstehen wir das wiederholte Erleben positiver Emotionen. Barbara Fredrickson zufolge treten die folgenden am häufigsten auf:

- Freude
- Dankbarkeit
- Heiterkeit
- Interesse
- Hoffnung

- Stolz
- Inspiration
- Spaß
- Ehrfurcht
- Liebe

Dass die Liebe ganz am Ende steht, ist eigentlich Quatsch. Denn in Wirklichkeit ist sie die wichtigste positive Emotion, die zudem jede der anderen neun umfassen kann. Und wo immer, wann immer Menschen zusammentreffen, ist potenziell Liebe im Spiel.

Das Growth-Mindset

Unter einem Mindset versteht man das Ensemble von Überzeugungen und Einstellungen, die das Denken eines Menschen prägen. Prof. Carol Dweck von der Stanford University unterscheidet zwei solcher Mindsets: das Fixed Mindset (statisches Denken oder Selbstbild) und das Growth-Mindset (Wachstumsdenken).[9]

Menschen mit einem Fixed Mindset meinen, sie wären mit bestimmten Fähigkeiten auf die Welt gekommen, die nur geringe Entwicklungsmöglichkeiten bieten. Demnach wären sie entweder glücklich geboren oder nicht, klug oder nicht, sportlich oder nicht. Aus Angst, es nicht auf Anhieb hinzubekommen, probieren solche Menschen nur selten etwas Neues aus.

Jemand mit einem Growth-Mindset dagegen glaubt, dass er sich mit Anstrengung, Motivation und Konzentration auf so ziemlich jedem Gebiet verbessern kann. Dazu gehört auch die Befähigung zum Glücklichsein. Ein solcher Mensch experimentiert gern und lernt aus seinen Erfahrungen. Er hat keine Angst vor dem Scheitern und versucht sich an verschiedenerlei Methoden, etwas zu erreichen.

Womöglich haben Sie in bestimmten Bereichen (etwa Beziehungen) ein Fixed Mindset und in anderen (etwa beruflich) ein Growth-Mindset. Die gute Nachricht: Sie können das eine jederzeit ablegen und durch das andere ersetzen.

Operieren Sie beim Experimentieren mit den zwölf Glücksgewohnheiten also aus dem Growth-Mindset heraus und setzen Sie nicht auf Perfektion, sondern auf Fortschritt.

Wie Sie ein Growth-Mindset herausbilden

- Um ein Growth-Mindset zu entwickeln, beobachten Sie zunächst Ihr Denken.

- Schon das Wissen um die Existenz des Growth-Mindsets hilft dabei, es sich anzueignen.

- Besinnen Sie sich gerade angesichts von Schwierigkeiten auf das Growth-Mindset.

- Werden Sie sich der Kraft des Wörtchens »noch« bewusst: »Das kann ich … noch … nicht.«

Rühmen Sie sich, um motiviert zu bleiben, nicht Ihrer Endergebnisse, sondern der unternommenen Anstrengungen.

5
Die zwölf Glücksgewohnheiten

Gewöhnen Sie sich an, glücklich zu sein

Bei allen zwölf Glücksgewohnheiten in diesem Kapitel handelt es sich um bewährte Praktiken; wir wissen also, dass sie funktionieren. Wenden Sie sie an, wie immer es Ihnen gefällt; wichtig ist nur, dass es nicht bei der Theorie bleibt. Sie können sich auf Ihre Intuition verlassen oder systematischer vorgehen, indem Sie sich etwa jede Woche eine Gewohnheit vornehmen und sich so innerhalb von drei Monaten alle aneignen. Vielleicht wollen Sie sich sogar ein Jahr Zeit lassen und Ihr ganzes Leben transformieren, indem Sie sich jeden Monat in einer neuen Gewohnheit schulen. Genießen Sie es!

1. Lernen Sie spielen.

2. Zeigen Sie sich dankbar.

3. Kosten Sie das Positive bis zur Neige aus.

4. Nutzen Sie Ihre Stärken.

5. Geben Sie Ihrem Leben einen Sinn.

6. Setzen Sie auf Optimismus.

7. Wertschätzen Sie Ihre Beziehungen.

8. Üben Sie sich in Güte.

9. Bewegen Sie sich.

10. Gehen Sie in die Natur.

11. Trainieren Sie Ihre Achtsamkeit.

12. Streben Sie nach Erfolg.

1. Lernen Sie spielen

Eine bekannte Werbung forderte uns einmal zum »Arbeiten, Ausruhen und Spielen« auf. Im Unterschied zu Kindern aber, denen man das Spielen nicht eigens antragen muss, scheinen wir Erwachsenen weder Zeit für Spaß zu haben noch Lust darauf.

Freizeitaktivitäten sind herrlich zum Entspannen, Entstressen, zum Welterkunden und Hinzulernen. Beim Spielen laden wir unsere Batterien neu auf, und die Freude, die wir gemeinsam erleben, stärkt unsere Beziehungen.

Spielen Sie sich glücklich

- Aktive Erholung (wie Sport, Gartenarbeit, Backen oder Tanzen) wirkt sich viel positiver auf das Wohlbefinden aus als reines Nichtstun wie etwa beim Fernsehen.

- Die Beschäftigung mit Ihrem Hobby kann Sie in den befriedigenden Zustand des Flows bringen.

- Prof. Neil Frude, Psychologe und Begründer des Projekts »Books on Prescription« (in dem an Depressionen und Angststörungen Erkrankten die heilsame Lektüre von Selbsthilfebüchern »verschrieben« wird), empfiehlt folgende einfache Glücksformel: a) etwas zu tun haben, b) etwas lieben und c) etwas haben, worauf man sich freuen kann.[10]

AKTIVITÄT
Erstellen Sie eine Playlist

So, wie Sie auf Ihrem Phone vielleicht eine Playlist mit Ihrer Lieblingsmusik haben, können Sie auch mögliche Freizeitaktivitäten zusammenstellen.

Auch aus der von Prof. Michael Frischs *Quality of Life Therapy* inspirierten Liste können Sie sich Tag für Tag eine Idee aussuchen und realisieren.[11] Der Vorteil eines solchen vorab erstellten Katalogs besteht darin, dass Sie mit wenigen Klicks auf praktische Aktivitäten stoßen, die in Ihrer Seele im Nu wieder die Sonne scheinen lassen.

1. Notieren Sie sich zehn Aktivitäten, die Sie mögen, zum Beispiel Chorsingen, Besuch einer Kunstausstellung, Basteln, Quizzen, Stand-up-Comedy, Mannschaftssport.

2. Nehmen Sie sich täglich etwas von der Liste vor, wenn auch vielleicht nur für fünf oder zehn Minuten.

3. Haben Sie Ihre Playlist immer bei der Hand, damit es Ihnen nie an Anregungen fehlt, wenn Sie mal einen Aktivitätskick brauchen.

2. Zeigen Sie sich dankbar

Für alles dankbar zu sein, was man hat, ist traditionell eine weise Empfehlung. Und siehe da: Mittlerweile gibt es sogar zahlreiche Belege für die positiven Auswirkungen der Dankbarkeit auf unser Wohlbefinden.

Dankbarkeit verstärkt unsere Glückskompetenz und bringt Positivität, Lebenszufriedenheit, Optimismus, Hoffnung, Begeisterung, Energie, Spiritualität sowie Versöhnlichkeit hervor. Sie vermag die Ausschüttung von Stresshormonen zu dämpfen, Depressionen, Ängste, Einsamkeit, Neid, Neurosen und Materialismus zu lindern.

Dankbarkeitstagebuch

Dankbarkeit weist weit über das reine Danksagen hinaus: Indem sie den Geist darin schult, sich auf das Gute im Leben zu fokussieren, trägt sie zur Überwindung des Negativity Bias bei, der dafür sorgt, dass wir zunächst das Schlechte, Falsche und dann erst das Gute wahrnehmen. Zug um Zug richtet die Dankbarkeit unsere Aufmerksamkeit darauf, dass wir Nutznießer all des Guten sind, das seinen Ursprung außerhalb unserer selbst hat.

Ein Dankbarkeitstagebuch ist eine super Möglichkeit, alles Gute zu erinnern, das sonst schnell in Vergessenheit geriete.

In ihrem Buch *Glücklich sein* empfiehlt Sonja Lyubomirsky, so oft hineinzuschreiben, wie es sich richtig anfühlt.[12] Ich tue es jeden Sonntag; so kann ich die vergangene Woche Revue passieren lassen und mich auf die kommende vorbereiten.

Ich schreibe seit mehr als zwanzig Jahren Dankbarkeitstagebuch, und für mich hat keine andere Übung so viel verändert. Mein Denken ist heute nicht mehr vom Mangel geprägt, sondern von der Fülle. Deshalb ist es eine der ersten Glücksgewohnheiten, die ich lehre.

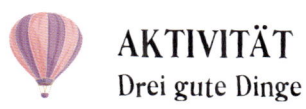

AKTIVITÄT
Drei gute Dinge

Notieren Sie sich täglich drei gute Dinge: ein positives Erlebnis etwa (zum Beispiel super Feedback bei der Arbeit) oder einen erfreulichen Zustand (Gesundheit, ein schönes Familienleben). Die folgenden Fragen können Ihnen dabei Anregungen geben:

- Was ist gut an meinem Leben?

- Wofür bin ich dankbar? Und wem?

- Was ist gut gelaufen? Und was habe ich dazu beigetragen?

Anfänglich tun Sie sich damit vielleicht noch schwer, bald aber werden Sie vieles wahrnehmen, was auf Ihre Liste gehört.

Gewöhnen Sie sich an, den Blick allenthalben auf drei gute Dinge zu lenken: während der Fahrt zur Arbeit, beim Zähneputzen oder Abendessen. Beziehen Sie auch Freunde und Angehörige ein und machen Sie diese Übung zu einer ebenso wohltuenden wie sinnvollen Glücksgewohnheit.

3. Kosten Sie das Positive bis zur Neige aus

Während Dankbarkeit hilft, Positives wahrzunehmen, bedeutet Auskosten, dass Sie das Gute bis zum Letzten ausreizen, um ein Maximum an Freude zu erleben.

Die Natur bestaunen, eine köstliche Speise genießen, sich der Liebe eines ganz besonderen Menschen erfreuen oder eine herrliche Urlaubsreise erinnern – all das lädt ein, es bis zum Gehtnichtmehr auszukosten. Voraussetzung ist, wir lassen uns ganz auf das jeweilige Sinnenerlebnis ein. Diesen Prozess können wir uns als Reise vorstellen, deren Ziel im Grunde zweitrangig ist. In ihrem Buch *Savoring*[13] identifizieren Prof. Fred Bryant und Joseph Veroff vier für das Auskosten entscheidende Vorgänge:

Danken: Reflektieren über die äußere Welt – Dankbarkeit für alles Gute im Leben.

Sich sonnen: Reflektieren über die Innenwelt – Stolz auf eine gelungene Aktivität.

Staunen: Im Außen aufgehen (zum Beispiel Ehrfurcht angesichts einer herrlichen Aussicht).

Schwelgen: In der Innenwelt aufgehen (etwa das physische Vergnügen einer Massage).

AKTIVITÄT
Den Moment auskosten

Auskosten ist nichts, was einfach so geschieht, sondern eher ein Prozess, bei dem wir unser Augenmerk auf die kleinen Vergnügungen richten, um möglichst viel davon zu haben. Folgende Schritte helfen dabei, die positiven Dinge wahrzunehmen, während sie geschehen.

1. Drosseln Sie das Tempo, um das Erlebnis auszudehnen.

2. Lenken Sie Ihre volle Aufmerksamkeit auf den Augenblick.

3. Bedienen Sie sich Ihrer Sinne – Augen, Ohren, Geschmack …

4. Denken Sie über den Ursprung Ihrer Freude nach: Was genießen Sie da gerade? Was spricht Sie an?

Sobald Sie sich daran gewöhnt haben, können Sie alles auskosten – Konkretes wie den Duft einer Blume oder auch weniger Greifbares wie eine schöne Erinnerung.

Machen Sie sich jedoch diese schmale Trennlinie bewusst: Sie können sich auf eine Erfahrung fokussieren – aber sie durch allzu große Konzentration darauf auch zerstören.

4. Nutzen Sie Ihre Stärken

Auf die eigenen Stärken zu setzen fördert Lebensfreude, Leistungsfähigkeit und individuelle Entwicklung. Es steigert das persönliche Wohlbefinden, führt zu besseren Arbeitsergebnissen und stärkt die Widerstandskraft. So hilft es uns, auch harte Zeiten leichter zu überstehen.

Man unterscheidet zwei Arten von Stärke:

- **Charakterstärken** (auch persönliche Stärken genannt), also positive Eigenschaften wie Güte oder Mut.
- **Begabungen** wie etwa ein Rechen- oder auch Unterhaltungstalent.

Stärken versus Schwächen

Erstellen Sie zwei Listen: eine mit Ihren Stärken und die andere mit Ihren Schwächen. Welche wird länger? Wahrscheinlich letztere, weil es den meisten schwerer fällt, ihre Stärken zu benennen. Dabei sind das doch Ihre Aktivposten, die zeigen, wer Sie wirklich sind, Ihr positives Ich. Ihr größtes Wachstumspotenzial liegt nicht in der Behebung Ihrer Schwächen, sondern im Ausbau Ihrer Stärken.

Stärken – wissenschaftlich betrachtet

Einer frühen Studie der Positiven Psychologie zufolge kann der Einsatz individueller Stärken zu mehr Glücksgefühlen führen und Depressionen lindern. Diese inneren Ressourcen schützen die Psyche und verhelfen uns zu mehr Energie, Vitalität, Begeisterungsfähigkeit, Selbstvertrauen, Erkenntnis und Durchblick. Deshalb wäre es schön, wenn wir unsere Stärken leichter erkennen könnten …

Aktivität
Nutzen Sie Ihre Stärken

Wer seine Stärken ausspielt, erbringt optimale Leistungen, steckt voller Energie und sucht nach weiteren Gelegenheiten, sich zu beweisen. Die folgenden, auf Prof. Alex Linleys Buch *Average to A+* zurückgehenden Fragen können Ihnen helfen, Ihre Stärken herauszufinden.[14]

🐔 Was tun Sie, wenn Sie in Höchstform sind?

🐔 Was fällt Ihnen leicht? Worin sind Sie besonders gut?

🐔 Wobei fühlen Sie sich am stärksten energiegeladen?

🐔 Welche Art Tätigkeit erlernen Sie am leichtesten?

🐔 Was tun Sie einfach nur um des Spaßes willen?

🐔 Wo liegen Ihre Leidenschaften?

🐔 Was gibt Ihnen das Gefühl, »ganz Sie selbst« zu sein?

🐔 Worin waren Sie schon als Kind gut? Und wie ist es heute um diese Fähigkeit von Ihnen bestellt?

🐔 Was bringt Sie in den Flow?

Machen Sie den VIA-Test

Zur Identifizierung Ihrer Stärken können Sie sich auch einem Test unterziehen. Der VIA Survey ist das Ergebnis eines Mammutprojekts zur Dokumentierung positiver Charaktereigenschaften. Über diese universell geschätzten Stärken verfügen wir alle in der einen oder anderen Form. Zusammengefasst sind sie in sechs als »Tugenden« bekannten Kategorien (siehe nächste Seite).

Sie können den Test übrigens gratis im Internet durchführen. Sind Ihnen Ihre Stärken erst einmal bekannt, lassen sie sich zu Tugenden weiterentwickeln.

Ihre Stärken können Sie zum Erreichen von Zielen und zur Lösung von Problemen nutzen. Wenn Sie in entscheidenden Lebenssituationen (wie etwa Erziehungsurlaub, Verrentung, Entlassung) nicht wissen, wie Sie sich verhalten sollen, bieten Ihre Stärken wichtige Ausgangspunkte.

DIE 24 CHARAKTERSTÄRKEN

TUGEND DER WEISHEIT

Kreativität
Neugier
Urteilsvermögen/kritisches
Lernbereitschaft
Durchblick

TUGEND DES MUTES

Tapferkeit
Ehrlichkeit
Ausdauer
Begeisterungsfähigkeit

TUGEND DER MENSCHLICHKEIT

Liebe
Güte
Soziale Intelligenz

TUGEND DER GERECHTIGKEIT

Teamwork
Fairness
Leadership

TUGEND DER MÄSSIGUNG

Vergebung
Bescheidenheit
Besonnenheit
Selbstkontrolle

TUGEND DER TRANSZENDENZ

Gefühl für Schönheit und
Ästhetik
Dankbarkeit
Hoffnung
Humor
Spiritualität

5. Geben Sie Ihrem Leben einen Sinn

Worin besteht Ihr *Ikigai*, Ihre Lebensaufgabe? Ihr Grund, allmorgendlich aufzustehen? Sinn und Bedeutung sind entscheidende Ingredienzien gelebten Wohlbefindens.

Eine internationale Studie der Psychologen Shigehiro Oishi und Ed Diener ergab 2014, dass es nicht geringe Lebenszufriedenheit ist, die Menschen Selbstmord verüben lässt, sondern ein empfundener Mangel an Sinnhaftigkeit.[15] Diese erfüllt im Wesentlichen zwei Funktionen.

- Sie beantwortet die Frage nach dem Warum: Warum tun wir, was wir tun. Sie ist quasi unser Fundament, das uns auch in stressigen Zeiten stützt.

- Aus dem Sinn, den wir unserem Leben geben, resultiert unsere Aufgabe, das, was wir anstreben. Hier liegt auch das Wie, welches das Warum ergänzt: Wie agieren wir, damit sich der Sinn unseres Lebens erfüllt?

Quellen der Sinnfindung sind unter anderem:

- Beziehungen – Angehörige und Freunde

- Soziales Engagement

- Persönliche Entwicklung, zum Beispiel Weiterbildung

- Gerechtigkeit – Eintreten für eine gute Sache

- Leistung – auf ein Ziel hinarbeiten

- Kreativität – künstlerischer Selbstausdruck

- Spiritualität/Philosophie – das Ausloten der großen Fragen des Lebens

- Gesundheit – Fitness, gesunde Ernährung, Maßnahmen zum Gesundbleiben und -werden

- Vergnügen, zum Beispiel Reisen

- Hinterlassenschaft, ein Vermächtnis an die Welt, etwa durch Weitergeben erworbenen Wissens

Unsere Mission entdecken

Unsere Lebensaufgabe finden wir im Allgemeinen in einem positiven Ereignis, wie etwa der Elternschaft, und verbinden es dann mit bestehenden Überzeugungen. So entsteht das Gefühl, dass sich die Dinge genau so entwickeln, wie sie sich entwickeln sollten. Mitunter leiten wir den Sinn des Lebens aber auch aus negativen Ereignissen ab, die wir zu begreifen oder in etwas Positives zu verwandeln versuchen. So wenden sich etwa viele Menschen nach einer traumatischen Erfahrung der Wohltätigkeit zu, um andere in ähnlicher Situation zu unterstützen. Ich selbst »verdanke« den Sinn meines Lebens einer Depression und betrachte es seither als meine große Aufgabe, Betroffenen den Weg zurück ins Glück zu zeigen.

Aber es muss kein schlimmes Erlebnis sein, das Ihrem Leben Sinn verleiht. Genauso gut können Sie Ihre Aufgabe auch finden, indem Sie proaktiv werden und sich ein Beispiel an anderen nehmen.

Ihr Ziel mag sich auf die nächste Stunde beziehen oder aber auch längerfristig orientiert sein und sich im Laufe der Zeit verändern. Zunächst ging es Ihnen vielleicht um Ausbildung und Qualifikationen, heute steht womöglich eine bestimmte Berufung oder das Familienleben im Vordergrund, und Ihre Zukunft mag sich um ein Vermächtnis drehen, das Weitergeben von Wissen oder die Wiederaufnahme einer früheren Leidenschaft. Mit dem Alter verliert der Sinn des Lebens keineswegs an Bedeutung, im Gegenteil: Je kürzer die verbleibende Zeit, desto wichtiger wird die Zielorientierung, schließlich wollen wir unsere letzten Tage ja nicht sinnlos verplempern. Und eine klare Aufgabe kann nicht nur das Leben verlängern, sondern auch die Gesundheit verbessern.

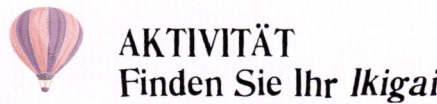

AKTIVITÄT
Finden Sie Ihr *Ikigai*

Im Japanischen umreißt der Begriff *Ikigai* den Wert des Lebens beziehungsweise das, was das Leben lebenswert macht. Zur Veranschaulichung dient oft ein Mengendiagramm (siehe nächste Seite) – wobei *Ikigai* an der Stelle zu verorten ist, an der sich alle Kreise überlappen.

Die folgenden Fragen helfen Ihnen, Ihr *Ikigai* zu finden:

🐔 Was lieben Sie? (Ihre Leidenschaft)

🐔 Was braucht die Welt? (Ihre Mission)

🐔 Worin sind Sie besonders gut? (Ihre Berufung)

🐔 Womit können Sie Geld verdienen? (Ihr Beruf)

Die Orientierung auf Ihr Ikigai kann Ihrem Leben ein hohes Maß an Sinnhaftigkeit verleihen und Ihnen den Zugang zu eudämonischem Wohlbefinden erleichtern.

Die zwölf Glücksgewohnheiten

6. Setzen Sie auf Optimismus

Weil an ihm alles Positive haften bleibt, gilt Optimismus in der Wissenschaft vom Wohlbefinden als Klebstoff.

So vieles spricht für Optimismus:

- Bessere psychische und physische Gesundheit
- Höhere Lebensqualität
- Mehr Widerstandskraft und Ausdauer
- Größere Leichtigkeit angesichts von Herausforderungen
- Flexible Bewältigungsstrategien
- Bessere Anpassungsfähigkeit an negative Ereignisse

… und er hat nur zwei Nachteile:

- Optimisten neigen dazu, Gefahren zu unterschätzen, Pessimisten sind realistischer.
- Auf mögliche Katastrophen sind Optimisten womöglich weniger vorbereitet als Pessimisten, dafür aber sind sie anschließend besser in der Lage, ihr Leben weiterzuführen.

Sowohl Optimismus als auch Pessimismus stellen sich als selbsterfüllende Prophezeiung dar. Vertrauen Sie auf einen positiven Ausgang, setzen Sie sich wahrscheinlich vehementer für den Erfolg ein; neigen Sie dagegen eher zum Pessimismus, geben Sie leichter auf. Und daraus kann schnell eine Abwärtsspirale entstehen. Überdies gehört Pessimismus zu den größten Risikofaktoren für eine Depression.

Und wenn Sie nicht von Natur aus optimistisch sind?

Optimismus ist eine Gewohnheit, die Sie sich auch aneignen können, wenn Ihr Glas tendenziell immer halb leer ist. In seinem Buch *Der Glücks-Faktor* beschreibt Prof. Martin Seligman den optimistischen Erklärungsstil, einen Aspekt des Optimismus, der sich darauf bezieht, wie wir uns die Ursachen und Einflüsse vergangener Ereignisse erklären. Und das wirkt sich auch auf unser Denken über die Zukunft aus.[16]

Die drei Ps

Sowohl das optimistische als auch das pessimistische Denken ist dreidimensional: **persönlich, permanent** und **pervasiv** (alles durchdringend). Wenn etwas Negatives geschieht, denken Optimisten und Pessimisten genau gegensätzlich. Pessimisten neigen dazu, die Ursachen für intern (persönlich), stabil (permanent) und global (pervasiv) zu halten, während sie für Optimisten eher externer Natur (nicht persönlich), instabil (vorübergehend) und lokal (auf den Einzelfall beschränkt) sind.

Stellen Sie sich vor, die Firma, für die Sie arbeiten, hätte einen Catering-Auftrag verloren. Aus der Tabelle auf der folgenden Seite gehen die Reaktionen von Pessimisten und Optimisten hervor.

Dieses Beispiel zeigt deutlich, dass Optimisten aufgrund ihres Denkens besser vor starken negativen Emotionen geschützt sind.

Denken Sie positiv

Seien Sie optimistisch, wenn etwas schiefläuft. Könnten die Ursachen des Ereignisses nicht auch NICHT persönlich, NICHT permanent und NICHT pervasiv sein?

DREI P-FAKTOREN

PESSIMISTEN SAGEN	OPTIMISTEN SAGEN
Ich (persönlich) *Alles mein Fehler.* *Catering liegt mir nicht.*	**Nicht ich (nicht persönlich)** *Das Unternehmen* *ist in Finanzschwierigkeiten.*
Immer (permanent) *So ist und so bleibt das.*	**Nicht immer** **(nicht permanent)** *Letzten Monat haben wir einen* *neuen Kunden akquiriert.*
Überall (pervasiv) *Das Geschäft geht den Bach* *runter.*	**Nicht überall (nicht pervasiv)** *Die Zukunft sind* *Pop-up-Restaurants.*

AKTIVITÄT
Widersetzen Sie sich den drei Ps

Versuchen Sie bei Ihrem nächsten negativen Erlebnis, sich den drei Ps des Pessimismus wie folgt zu widersetzen:

1. Um den Charakter des Persönlichen zu widerlegen, betrachten Sie das Gesamtbild und überlegen, welche sonstigen Faktoren dem Ereignis zugrunde liegen könnten – seien es andere Menschen oder Umstände.

2. Um die Dimension der Permanenz infrage zu stellen, suchen Sie Beweise dafür, dass die Situation nicht von Dauer ist. Sollte Ihnen das zu schwerfallen, überlegen Sie, was sich im Leben alles ändert – das Wetter zum Beispiel.

3. Um das Pervasive zu widerlegen, schauen Sie, in welchen Bereichen Ihr Leben gut läuft. Vielleicht liegt ja beruflich etwas im Argen, aber dafür ist es bestens um Ihre Beziehung bestellt?

Als Erfolgsmotivator stellt der Optimismus im Hinblick auf Widerstandskraft und Wohlbefinden eines der Kernelemente der Positiven Psychologie dar.

7. Wertschätzen Sie Ihre Beziehungen

F: Was ist den glücklichsten Menschen allesamt eigen?

A: Sie sind überaus sozial und unterhalten enge Beziehungen.

Niemand ist eine Insel. Wir alle haben das Bedürfnis nach sozialer Eingebundenheit. Sie gehört neben Autonomie und Kompetenz zu den drei Voraussetzungen von Wohlbefinden.

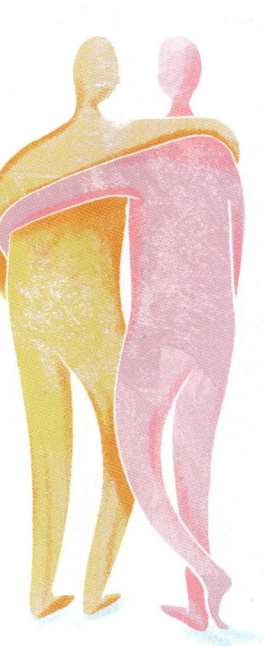

Die Liebe, bei der es immer um Beziehung geht, stellt eine der wichtigsten Möglichkeiten dar, glücklich zu werden und sowohl das psychische als auch das körperliche Wohlbefinden zu verbessern. Denn fehlende Verbundenheit erzeugt Einsamkeit, und die wiederum kann psychische Störungen auslösen.

Liebe ist … Verbundenheit

Glücklicherweise beschränken sich die Benefits der Liebe nicht auf Paare und familiäre Beziehungen. In *Love 2.0* definiert Prof. Barbara Fredrickson die Liebe als mit einem anderen Lebewesen geteilten Mikromoment der Wärme und Verbundenheit. Dazu kann es sogar mit einer fremden Person kommen. In einem solchen Augenblick der »Positivitätsresonanz« ereignet sich dreierlei: gemeinsames Erleben positiver Emotionen, Synchronisation von Verhalten und Biochemie sowie der beiderseitige Impuls, sich umeinander zu kümmern.[17]

Love Lab

Ein entscheidende Erkenntnis des von Prof. em. John Gottman an der University of Washington gegründeten Love Labs ist die Existenz einer »Positivity Ratio«. Das Florieren von Beziehungen setzt demnach ein Verhältnis von 5:1 voraus – auf jedes negative Erlebnis müssen fünf emotional positive kommen.[18] Anders ausgedrückt: Um den Schaden auszubügeln, den eine negative Erfahrung anrichtet, werden fünf positive benötigt. Da sieht man mal, wie zerstörerisch sich Negativität auf Beziehungen auswirken kann.

Wie sollte man kommunizieren?

Unsere Interaktionen können eine Beziehung fördern oder sie behindern. Abwehren, Mauern, Krittelei und Missachtung – das wirkt sich alles negativ auf eine Beziehung aus. Prof. Shelly Gable von der University of California[19] hat vier Kommunikationsstile herausgearbeitet, die sich in der Reaktion auf eine gute Nachricht, die jemand anders erhalten hat, wie folgt unterscheiden:

REAKTIONSWEISEN

PASSIV-DESTRUKTIV	PASSIV-KONSTRUKTIV
Ignoriert die Nachricht, verlagert den Fokus	Ruhige, verhaltene Unterstützung
»Hör mal, was mir passiert ist!«	*»Das ist ja schön.«*
AKTIV-DESTRUKTIV	AKTIV-KONSTRUKTIV
Macht die Nachricht nieder	Begeisterte Unterstützung
»Das hört sich stressig an.«	*»Wahnsinn! Erzähl mehr davon!«*

Der Übersicht auf der vorigen Seite haben Sie wahrscheinlich schon entnehmen können, dass allein die aktiv-konstruktive Haltung eine energiegeladene, begeisterte und erfreute Reaktion auf die gute Nachricht darstellt und der Beziehung förderlich ist. Im Idealfall würden Sie anschließend noch Fragen stellen, damit die andere Person möglichst viel von Ihren positiven Emotionen mitbekommt. Vielleicht überrascht es Sie zu erfahren, dass diese in guten Zeiten an den Tag gelegte Haltung der Beziehung förderlicher ist als eine Schulter zum Anlehnen in schlechten.

AKTIVITÄT
Liebende-Güte-Meditation

Dadurch, dass Sie anderen Gesundheit und Glück wünschen, erwärmt diese als *Metta Bhavana* bekannte buddhistische Meditation Ihr Herz und erfüllt es mit Liebe. Das auf diese Weise erzeugte Spektrum positiver Emotionen ist so groß, dass es die hedonistische Adaptation mühelos aussticht – die sorgt sonst dafür, dass wir unser Glück für selbstverständlich halten.

1. Setzen Sie sich bequem und entspannt hin. Zur Konzentration auf Ihr Herz legen Sie eine Hand darüber.

2. Lassen Sie sich dann liebevolle Güte zukommen, indem Sie sich wiederholt vorsagen: »Möge ich glücklich sein. Möge ich frei sein von Leiden und Gefahren. Möge ich in Frieden sein.«

3. Richten Sie den Fokus dann nacheinander auf Menschen, die Sie mögen, auf Bekannte, Leute, die Sie kaum kennen, und die ganze Welt: »Möget ihr glücklich sein. Möget ihr frei sein von Leiden und Gefahren. Möget ihr in Frieden sein.«

4. Genießen Sie die zunehmende Wärme.

8. Üben Sie sich in Güte

Güte bezeichnet die Tugend, anderen Gutes zu tun, ohne etwas für sich zu erwarten. Je nach Zutat – Spritzern von Empathie, Mitgefühl, Großzügigkeit, Fürsorge, Altruismus oder Liebe – zeigt sie eines ihrer unendlich vielen Gesichter.

Von praktizierter Güte können alle nur profitieren. Sie dient Ihnen persönlich genauso wie dem höheren Guten. Denn Güte macht glücklich, intensiviert Beziehungen und verbessert die Kommunikation. Sie bringt uns einander näher und ist das Wesen der Menschlichkeit. Ehrenamtliche berichten oft vom »Helfer-High«, das sie von ihren eigenen Sorgen ablenkt und die Laune hebt.

Güte und Dankbarkeit stellen zwei Seiten einer Medaille dar, die beide gut im Mittelpunkt eines speziellen Tagebuchs stehen könnten. Treffen Akte der Güte auf Dankbarkeit, schwingen positive Emotionen zwischen gebender und empfangender Person hin und her und vertiefen die Beziehung. Erhebend ist übrigens bereits der Anblick praktizierter Güte, und weil positive Emotionen ansteckend sind, können Kettenreaktionen entstehen wie zum Beispiel die Projekte »Random Acts of Kindness« oder »Pay it forward«.

Burnout verhindern

Im Zusammenhang mit praktizierter Güte ist
es wichtig, an das »Prinzip Sauerstoffmaske« zu
erinnern: als Erstes das eigene Leben in Sicherheit
bringen. Denn kümmern Sie sich nicht zunächst
um die Befriedigung Ihrer Bedürfnisse, besteht die
Gefahr, dass Sie in einen Burnout rutschen. Und
davon hat niemand etwas. Also: Wer glücklich sein
möchte, achtet zunächst auf sich selbst.

Praktizierte Güte

Zwischen praktizierter Güte und persönlichem Glück besteht ein enger Zusammenhang; damit Sie aber von Ihren guten Taten profitieren können, müssen diese auf Selbstlosigkeit (im Gegensatz zu Egoismus) beruhen.

Was genau Sie Gutes tun, spielt keine Rolle; eine kleine, unscheinbare Geste kann genauso gut funktionieren wie etwas ganz Großes. Ihr Handeln darf spontan oder geplant sein – wissenschaftliche Erkenntnisse legen jedoch nahe, dass es glücklicher macht, das Gute auf einen einzigen Tag zu konzentrieren, statt es über einen größeren Zeitraum zu verteilen.

AKTIVITÄT
Gelebte Güte in der Praxis

Hier sind ein paar Ideen für den Anfang oder auch, um Abwechslung in Ihr Repertoire zu bringen. Achten Sie darauf, wie Sie sich unmittelbar nach einer solchen guten Tat fühlen.

- Geben Sie jemandem einen Kaffee oder ein Busticket aus.

- Bieten Sie Nachbarn Ihre Hilfe an.

- Engagieren Sie sich ehrenamtlich oder schenken Sie jemandem unverhofft etwas von Ihrer Zeit.

- Spendieren Sie einer obdachlosen Person eine Übernachtung.

- Seien Sie rücksichtsvoll: Halten Sie jemandem die Tür auf, tragen Sie einer Person den Koffer, lassen Sie jemanden in der Schlange vor.

- Laden Sie jemanden zum Essen zu sich ein.

- Machen Sie Komplimente, sagen Sie den Menschen, was Sie an ihnen mögen.

- Sprechen Sie eine Person an, die in Gesellschaft allein ist.

9. Bewegen Sie sich

Von psychosomatischen Krankheiten – bei denen sich die Psyche negativ auf den Körper auswirkt – haben Sie vermutlich schon gehört. Wie aber ist es um das »somatopsychische« Wohlbefinden bestellt, wenn der Körper die Psyche positiv beeinflusst?

Als mögliches Glückselixier wird die Beziehung von Körper und Geist gnadenlos unterschätzt. Bereits tiefes Durchatmen kann Ihre Verfassung verbessern, Stress lindern und beruhigen.

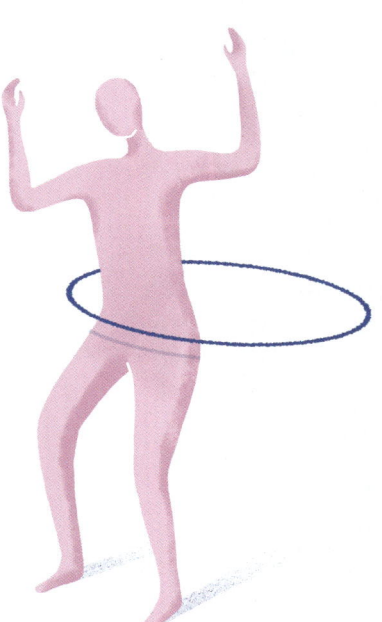

Stimmungsaufheller Sport

Körperliche Aktivitäten sind ein natürliches Antidepressivum. Eine an der Medizinischen Fakultät der Duke University in North Carolina durchgeführte Studie begleitete drei Gruppen depressiver Menschen. Eine Gruppe erhielt Antidepressiva, die zweite trieb Sport, und die dritte kam in den Genuss beider Maßnahmen. Zunächst verbesserte sich der Zustand aller Teilnehmer erheblich. Doch nach zehn Monaten verzeichnete die Sportgruppe die geringste Rückfallquote.[20]

Als ausgesprochener Stimmungsaufheller erweisen sich körperliche Berührungen. Eine Umarmung reduziert Stress und erhöht den Spiegel des »Liebeshormons« Oxytocin im Blut. Durch die Aktivierung des Parasympathikus wirken Massagen und Körpertherapien entspannend. Und Sex schließlich fühlt sich nicht nur gut an, sondern beruhigt auch den Geist, vertieft das gegenseitige Vertrauen und die Paarbindung.

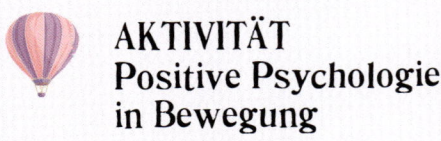

AKTIVITÄT
Positive Psychologie in Bewegung

Zur schnellen Verbesserung ihrer Stimmung empfehle ich meinen Klientinnen gern Bewegung. Sport (und alles, was die Herzfrequenz erhöht) setzt Endorphine frei, und die machen gute Laune. Hier noch ein paar Tipps für mehr Bewegung:

- Nehmen Sie sich vor, sich fünf Tage pro Woche dreißig Minuten lang leicht zu bewegen. Dabei dürfen Sie die halbe Stunde auch in zwei fünfzehnminütige Spaziergänge aufteilen.

- Um Ihre Motivation aufrechtzuerhalten, wählen Sie eine Aktivität, die Ihnen zusagt, etwa Tangotanzen, Skateboardfahren, Gärtnern oder Schwimmen.

- Bleiben Sie nicht allein: Verabreden Sie sich zum Sport oder treten Sie einem Verein oder Team bei.

- Integrieren Sie Bewegung in Ihren Tagesablauf. Nehmen Sie die Treppe statt des Lifts. Verlassen Sie den Bus eine Station vor Ihrem Fahrtziel und laufen Sie.

🐦 Besorgen Sie sich einen elektronischen Schritt-
zähler.

🐦 Schätzen Sie vor und nach dem Sport Ihre Stimmung auf einer Skala von eins bis zehn ein.

🐦 Wollen Sie Ihrer Stimmung einen noch größeren
Kick geben, trainieren Sie im Freien.

Man ist, was man isst

Nahrung wirkt sich auf die Stimmung aus – im Falle von Zucker negativ. Nach einem kurzen Hoch ziehen uns süße Snacks ganz schnell runter. Essen und Trinken können das Wohlbefinden aber auch enorm verbessern, wie folgende zwei Beispiele zeigen:

 Wasser brauchen wir nicht nur zum Überleben, sondern auch für unser Wohlbefinden. Schon ein Glas belebt. Auch das Hirn benötigt Wasser, um optimal funktionieren und den Körper mit Signalen versorgen zu können. Dehydrierung zieht schlechte Laune und Niedergeschlagenheit nach sich.

 Die zwölf Glücksgewohnheiten

Das Glückshormon Serotonin sorgt für erholsamen Schlaf und fördert das Wohlbefinden. Ein Mangel daran wird mit Depression und Angstzuständen in Verbindung gebracht. Proteine aus Fleisch, Fisch, Bohnen und Eiern versorgen den Körper mit der für die Produktion von Serotonin unverzichtbaren Aminosäure Tryptophan.

Gesunder Geist, gesunder Körper

Homöostase wird ein Zustand genannt, in dem alle Körpersysteme inklusive der Psyche ausgeglichen sind. Um mit dem modernen Leben klarzukommen, brauchen wir zum Ausgleich viel Ruhe und genügend Schlaf. Den Körper zu ignorieren und einfach immer weiterzumachen, als wäre nichts, ist ein Fehler, der sich bitter rächt. Stress wirkt sich bekanntlich negativ auf den Körper aus, doch was kaum jemand weiß, ist, dass Glück genau den entgegengesetzten Effekt hat, indem es die organischen Strukturen schützt. Ein schönes Beispiel für psychosomatische Wellness.

10. Gehen Sie in die Natur

Ein Kanal zur Verbesserung des Wohlbefindens kann nicht nur der Körper sein, sondern auch die Natur. Als die große Heilerin, die sie ist, lindert sie Stress, hebt die Stimmung und verhilft Ihnen zu Gesundheit und Glück.

Das Eintauchen in die Welt aus frischer Luft und Blattgrün stellt eine sofortige Digital-Detox-Kur dar, die dem Ausbrennen des überstimulierten Geistes vorbeugt. Da das Hirn in der Natur optimiert arbeitet, verbessert sich nicht nur das Wohlbefinden, sondern auch das Konzentrations- und Denkvermögen. Bereits das Betrachten von Naturbildern beruhigt und erhöht den Anteil von Alphawellen im Gehirn, die für die Serotoninproduktion von Bedeutung sind.

Grün und Blau

Als »grünen Sport« bezeichnet man körperliche Aktivitäten wie Laufen, Radfahren, Reiten oder Segeln in der Natur. Wenn Sie aufgedreht oder müde sind, haben Sie vielleicht keine Lust aufs Gym. Im Grünen aber genügen bereits fünf Minuten Bewegung, um das Entstehen positiver Emotionen anzukurbeln. Und die beste Laune überhaupt erzeugt Wassersport im Meer, See oder Fluss unter freiem – blauem – Himmel.

Das Glückspflänzchen kultivieren

Die sogenannte Ökotherapie nutzt die Kraft der Natur, um das Wohlbefinden der Menschen wiederherzustellen. Als »Behandlung« kann jede Outdoor-Aktivität dienen, gern auch in der Gruppe, zum Beispiel freiwillige Arbeitseinsätze im Zoo oder Botanischen Garten, bei der Ernte oder auf handwerklichem Gebiet.

Bestes Beispiel für eine Ökotherapie ist das Gärtnern. Nicht allein, dass es die Stimmung hebt. Zudem ist der Anbau des eigenen Gemüses ein Spaß, der jedem einen Kick geben kann, der nicht recht weiß, was er mit sich anfangen soll. Zusatzbonus: Das Erdreich enthält Bakterien vom Typ Mycobacterium vaccae, die auf die Neuronen im Hirn wirken wie ein Antidepressivum. Man glaubt es kaum: Schmutz kann richtig glücklich machen!

AKTIVITÄT
Waldbaden

Der Aufenthalt im Wald hat etwas so ungeheuer Erfrischendes an sich, dass die Japaner ihn zu einer Therapie erhoben haben: das sogenannte Waldbaden, *Shinrin-Yoku.*

Das Eintauchen in die Natur aktiviert das parasympathische Nervensystem, reduziert die Produktion von Stresshormonen, füllt die Energiespeicher wieder auf und belebt. Um zur Ruhe zu kommen, genügen bereits zwanzig Minuten. (Bei Ihnen in der Nähe gibt es keinen Wald? Dann gehen Sie eben in den Stadtpark.)

1. Stellen Sie sich ruhig hin und öffnen Sie Ihre Sinne dem Wald.

2. Schauen Sie sich um. Was sehen Sie?

3. Heben Sie Zweige, Blätter oder Steine auf und erspüren Sie ihre Textur.

4. Was hören Sie? Vogelstimmen? Den Wind in den Bäumen? Blätterraschen?

5. Atmen Sie. Spüren Sie die Luft in Ihrer Lunge und auf der Haut.

6. Achten Sie auf die Gerüche der Natur um Sie herum.

11. Trainieren Sie Ihre Achtsamkeit

»Achtsamkeit« bezeichnet die Verfeinerung des Gewahrseins sowohl unserer Gedanken, Gefühle und Körperempfindungen als auch der Welt, die uns umgibt.

Angesichts der zahllosen Anforderungen, die das moderne Leben an uns stellt, ist die durchschnittliche Aufmerksamkeitsspanne kürzer denn je: »Achtlos« stolpern wir durch den Tag, ohne irgendetwas richtig mitzubekommen.

Achtsamkeitsmeditationen führen uns in den gegenwärtigen Moment zurück, erinnern uns daran, dass wir zum Leben auf der Welt sind und nicht nur zum Agieren. Doch solange wir der Vergangenheit nachtrauern oder die Zukunft fürchten, lassen wir uns die Freuden des Hier-und-Jetzt schnell entgehen. Achtsamkeit verhilft uns zu der Erkenntnis, dass Gedanken und Emotionen wie das Wetter sind – sie kommen und gehen –, sodass wir uns nicht mehr so schnell von ihnen anstacheln lassen.

Achtsamkeit und Glück

Wie der Neurowissenschaftler Prof. Richard Davidson u. a. von der University of Wisconsin herausgefunden hat, bildet der achtwöchige MBSR-Kurs (Achtsamkeits-basierte Stressreduktion) den linken präfrontalen Cortex weiter aus, also die linke Seite des Frontallappens im Hirn, wo positive Emotionen aktiviert werden.[21] Deshalb können regelmäßige Achtsamkeitsmeditationen die »Glückskompetenz« erhöhen. Wozu es bei mir definitiv kam: Plötzlich hatte ich das Gefühl, ganz neue Dimensionen des Glücks zu entdecken.

Und das ist keineswegs der einzige Nutzen des buddhistischen Konzepts der Achtsamkeit. Gerade der Drang der Menschen, sich ihre Wünsche zu erfüllen, ihre Gier nach Glück, kann Leiden verursachen, weil Glück so flüchtig ist. Zur Befreiung aus dem Kreislauf von Verlangen und Enttäuschung setzen Buddhisten daher auf Akzeptanz und Nichtanhaftung.

Schließlich führt Achtsamkeit auch zu gütiger Umsicht, dem achtsamen Mitgefühl im Umgang mit sich selbst und anderen.

Mit Achtsamkeit durch den Alltag

Die einfachste Art, achtsam zu sein, besteht darin, entspannt dazusitzen und das Ein- und Ausatmen zu beobachten. Dass der Geist dabei abschweift, ist vollkommen normal; sobald es dazu kommt, lenken Sie die Aufmerksamkeit sanft auf den Atem zurück.

Auch über unsere Sinneswahrnehmungen – zum Beispiel bei der Hausarbeit – können wir zur Achtsamkeit vordringen. Spülen Sie das Geschirr mit der Hand. Nehmen Sie dabei die Temperatur des Wassers wahr, das Geräusch seines Fließens, den Duft des Spülmittels und den schönen Anblick der blitzblanken Teller und Töpfe.

Achtsamkeit unterstützt auch die anderen Glücksgewohnheiten – etwa die Verbundenheit mit der Natur.

AKTIVITÄT
Der Atemraum in drei Schritten

Sobald Sie merken, dass Sie in schlechte Stimmung geraten, kann die folgende kurze Achtsamkeits-meditation Sie in den gegenwärtigen Augenblick zurückbringen und Ihnen inneren Frieden schenken. Bleiben Sie bei jedem der drei Schritte für eine Minute.

1. Machen Sie sich bewusst, was in Ihrem Geist, in Ihrem Körper und um Sie herum vorgeht. Nehmen Sie es einfach zur Kenntnis.

2. Fokussieren Sie sich auf einen Punkt in Ihrem Körper, an dem Sie Ihren Atem deutlich spüren. Registrieren Sie alle Empfindungen, die damit verbunden sind.

3. Weiten Sie Ihre Achtsamkeit jetzt auf den ganzen Körper und alle Sinneseindrücke aus, die Sie womöglich haben.

ACHTSAMKEIT

**Fokus: der gegenwär-
tige Moment**

*Bewusstes, neutrales
Gewahrsein all dessen,
was gerade geschieht*

FLOW

Fokus: das aktuelle Tun

*Totale Versenkung in Ihre
Tätigkeit, einhergehend mit
Selbstvergessenheit*

AUSKOSTEN

Fokus: das Positive

*Im Brennpunkt sind – ver-
gangene, gegenwärtige oder
künftige – positive Erfahrungen*

Achtsamkeit, Auskosten und Flow

Sie denken, Achtsamkeit sei eng mit »Auskosten« und
»Flow« verwandt? Da liegen Sie richtig. Diese Glücksgewohnheiten ähneln sich tatsächlich. Nur dass sich die
Achtsamkeit neutral auf die Gegenwart fokussiert, die
beiden anderen aber mit einer Absicht verbunden sind:
die Kultivierung positiver Emotionen beim Auskosten
und beim Flow die vollkommene Versenkung in die
gerade zu verrichtende Tätigkeit.

12. Streben Sie nach Erfolg

Unsere letzte Glücksgewohnheit und der noch verbleibende Bestandteil des PERMA-Modells des Wohlbefindens ist A für »Accomplishment« oder Zielorientiertheit.

Nicht von ungefähr wollen wir Menschen etwas leisten: Die Süße des Triumphs gibt uns ein gutes Gefühl – ob wir die Konkurrenz besiegen, um die Trophäe zu erringen, oder in unserer persönlichen Entwicklung weiterkommen und Fortschritte auf dem eingeschlagenen Pfad machen.

Als universelle Lebensziele sind Glück und Erfolg eng miteinander verbunden. Erfolg macht glücklich, aber auch umgekehrt trifft die Aussage zu: Menschen, die über ein hohes Maß an Wohlbefinden verfügen, sind meistens die erfolgreicheren. Weil man sich in der Regel mehr engagiert und produktiver ist, wenn man glücklich ist.

Aktivität
Formulieren Sie Ihre Absicht

Nicht alle Ziele sind gleich. Um also sowohl Ihre Erfolgschancen als auch Ihr Wohlbefinden zu maximieren, empfiehlt es sich, Ihre Absicht wie folgt zu formulieren:

- Als Ziel, das Sie anstreben, und nicht als etwas, dem Sie entkommen wollen. Also etwa wegen der frischen Luft aufs Land ziehen und nicht, um dem Smog in der Stadt zu entgehen. Mit Vermeidung einhergehende Ziele sind stressig, weil Sie sich dabei ständig auf Negatives konzentrieren. Ziele, die sich durch etwas zu Erreichendes definieren, bringen dagegen immer Positives mit sich.

- Als intrinsische Motivation. Intrinsische Ziele möchten wir um ihrer selbst willen erreichen, weil sie interessant oder angenehm sind. Bei extrinsischen Zielen dagegen liegt die Motivation meistens in etwas Äußerem wie Geld oder auch in dem Versuch, jemanden zu beeindrucken. Dann geht es im Grunde nicht um uns selbst und unsere eigenen Wünsche, sondern um Anerkennung oder Erwartungen, die andere an uns haben. Das Wohlbefinden steigern extrinsische Ziele nicht.

Die zwölf Glücksgewohnheiten

🐓 Als Ziel, das die drei Voraussetzungen für Wohlbefinden erfüllt. Edward Deci und Richard Ryan, den Begründern der Selbstbestimmungstheorie, zufolge braucht es Autonomie, Kompetenz und Eingebundenheit, um motiviert zu bleiben.[22] Dies sind zugleich die drei psychischen »Nährstoffe«, die die persönliche Entwicklung weiterbringen.

🐓 Als Chance, Ihre persönlichen Stärken auszuspielen. Sie können Ihre inneren Ressourcen nutzen, um Ihr Ziel zu erreichen, und daraus auch die dafür nötige Energie beziehen. Wann immer Sie Ihre Stärken für ein bedeutsames Ziel einsetzen, öffnet sich die Tür zu eudämonischem Wohlbefinden.

Ein Wort zum Schluss

Lange hat sich die Psychologie darauf konzentriert, die Vergangenheit zu analysieren, um die Gegenwart zu heilen. Heute aber beschäftigt sie sich eher mit der Frage, wie wir über unsere Zukunft denken und wie sich das auf unser Wohlbefinden auswirkt. Prof. Martin Seligman zufolge könnte der Schlüssel zum Glück in der Prospektion liegen, der Fähigkeit des Menschen, über die Zukunft nachzudenken.[23] Das dreizehnte Glücksgeheimnis wäre demnach, sich ein positives Bild von der Zukunft zu machen.

Bei der Tagebuchübung »Das bestmögliche Selbst« schreiben Sie auf, wie Sie sich Ihr Leben wünschen, nachdem sich alles zum Besten gewendet hat. Stellen Sie sich einen bestimmten Zeitpunkt in der Zukunft vor und betrachten Sie alle Bereiche Ihres Lebens: Beruf, Beziehungen, Interessen, Gesundheit … Sich dieser Thematik täglich fünfzehn Minuten lang schreibend zu widmen tut in jeder Hinsicht gut und stärkt die Motivation, aus der Vision Wirklichkeit werden zu lassen.

Für Ihre glückliche Zukunft wünsche ich Ihnen alles Gute

Ihre Miriam
www.positivepsychologytraining.co.uk

Ein Wort zum Schluss

Anmerkungen

Alle Webseiten wurden im Mai 2019 zuletzt aufgesucht.

1 N. L. Sin und S. Lyubomirsky: »Enhancing well-being and alleviating depressive symptoms with positive psychology interventions: A practice-friendly meta-analysis«, in: Journal of Clinical Psychology 2009, 65, 467–87.
2 E. Diener: »Subjective well-being: The science of happiness and proposal for a national index«, in: American Psychologist, 2000, 55(1), 34–43.
3 Martin Seligman: Der Glücks-Faktor. Warum Optimisten länger leben, Bastei-Lübbe.
4 Martin Seligman: Flourish. Wie Menschen aufblühen, Kösel.
5 Mihaly Csikszentmihalyi: Flow. Das Geheimnis des Glücks, Klett-Cotta.
6 D. Danner, D. Snowdon und W. Friesen: »Positive emotions in early life and longevity: Findings from the nun study«, in: Journal of Personality and Social Psychology 2001, 80, 804–13.
7 Barbara Fredrickson: Die Macht der guten Gefühle. Wie eine positive Haltung Ihr Leben dauerhaft verändert, Campus.
8 Barry Schwartz: Anleitung zur Unzufriedenheit. Warum weniger glücklicher macht, Econ.
9 Carol S. Dweck: Selbstbild. Wie unser Denken Erfolge oder Niederlagen bewirkt, Piper.
10 www.reading-well.org.uk/books/books-on-prescription
11 Michael B. Frisch: Quality of Life Therapy, Wiley.
12 Sonja Lyubomirsky: Glücklich sein. Warum Sie es in der Hand haben, zufrieden zu leben, Campus.
13 Fred B. Bryant und Joseph Veroff: Savoring. A New Model of Positive Experience, Lawrence Erdbaum Associates.
14 Alex Linley: Average to A+, CAPP Press.
15 Shigehiro Oishi und Ed Diener: »Residents of poor nations have a greater sense of meaning in life than residents of wealthy nations«, in: Psychological Science 2014, 25, 422–30.
16 Martin Seligman: Der Glücks-Faktor. Warum Optimisten länger leben, Bastei-Lübbe.
17 Barbara Fredrickson, Love 2.0, Hudson Street Press.
18 www.gottman.com/love-lab/
19 Shelly Gable et al.: »What Do You Do When Things Go Right? The Intrapersonal and Interpersonal Benefits of Sharing Positive Events«, in: Journal of Personality and Social Psychology (2004), 87(2), 228-45.
20 M. Babyak, J. Blumenthal et al.: »Exercise treatment for major depression: Maintenance of therapeutic benefit at 10 months«, in: Psychosomatic Medicine (2000), 62, 633-8.
21 R. J. Davidson, J. Kabat-Zinn et al.: »Alterations in brain and immune function produced by mindfulness meditation«, in: Psychosomatic Medicine (2003), 65(4), 564–70.
22 www.selfdeterminationtheory.org
23 Martin Seligman, Peter Railton, Roy Baumeister, Chandra Sripada: Homo Prospectus (2016), OUP USA.